AF602251

Vente du Lundi 5 Juin 1899

HOTEL DROUOT, SALLE N° 7

à 2 heures

ESTAMPES

Me PAUL CHEVALLIER	M. MARIUS PAULME
Commissaire-Priseur	Expert
10, RUE DE LA GRANGE-BATELIÈRE, 10	10, RUE CHAUCHAT, 10

Exposition publique le Dimanche 4 Juin 1899

de 1 heure et demie à 5 heures et demie

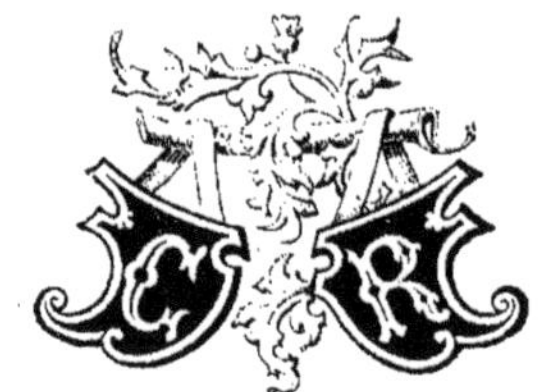

CATALOGUE
D'ESTAMPES
DES
ÉCOLES FRANÇAISE ET ANGLAISE
DU XVIIIe SIÈCLE

CONDITIONS DE LA VENTE

Elle sera faite au comptant.

Les acquéreurs paieront cinq pour cent en sus des prix d'adjudication.

M. Paulme se réserve la faculté de rassembler ou diviser les lots, et remplira les commissions des personnes ne pouvant assister à la vente.

L'ordre numérique sera suivi.

L'exposition mettant le public à même de se rendre compte de l'état des estampes, il ne sera admis aucune réclamation, une fois l'adjudication prononcée.

MM. les amateurs pourront examiner les estampes chez M. Paulme, 10, rue Chauchat, du 1er au 3 juin 1899.

CATALOGUE
D'ESTAMPES

DES

ÉCOLES FRANÇAISE ET ANGLAISE

DU XVIIIe SIÈCLE

EN NOIR ET EN COULEURS

ESTAMPES SUR LE SPORT

DONT LA VENTE AUX ENCHÈRES PUBLIQUES

AURA LIEU

Hôtel des Commissaires-Priseurs, rue Drouot, 5

SALLE N° 7

Le Lundi 5 Juin 1899

A 2 HEURES TRÈS PRÉCISES

Par le ministère de Me **PAUL CHEVALLIER**, commissaire-priseur,
10, RUE DE LA GRANGE-BATELIÈRE, 10

Assisté de M. **MARIUS PAULME**, expert
10, RUE CHAUCHAT, 10

EXPOSITION PUBLIQUE : Dimanche 4 Juin, de 1 h. 1/2 à 5 h. 1/2

DÉSIGNATION

ESTAMPES DES ÉCOLES FRANÇAISE ET ANGLAISE

DU XVIIIe SIÈCLE

ANONYME.

1. *La Fontaine de Virginie*. Médaillon rond. In-8.

   Belle épreuve imprimée en couleurs.

2. *La Soirée du Palais-Royal*. Curieuse pièce in-4, gravée à l'aquatinte.

   Très belle épreuve. Petite marge.

ALIX (C. M.).

3. *Le Général Buonaparte*, d'après Appiani.

   Très belle épreuve imprimée en couleurs. Marge.

4. *P. L. Dubus de Préville*, dessiné et gravé par P. M. Alix, filleul du citoyen Préville.

   Très belle épreuve imprimée en couleurs, avec marge : sous le portrait en médaillon ovale, trois petits sujets ronds représentant Préville en différents rôles.

5. *Mlle Maillard*, du Théâtre des Arts, d'après Garneray.

   Superbe épreuve imprimée en couleurs, avec marge : sous le portrait en médaillon ovale, bas-relief avec médaillon d'Apollon.

BARTOLOZZI (F).

6. *Mrs Abington* en Thalie, d'après R. Cosway.

   Très belle épreuve imprimée en bistre. Marge.

7. *The Birth of Shakespeare*. Ovale in-folio d'après Ang. Kauffmann.

   Très belle épreuve imprimée en couleurs. Marge.

8. *Their royal highness the Princesses Mary, Sophia and Amelia.* Gracieuse pièce, d'après J. S. Copley.

Très belle épreuve avec les lettres tracées et ouvertes. Grande marge.

BAUDOUIN (D'après P.-A.).

9. *Le Matin*, par de Ghendt.

Superbe et ancienne épreuve avec la première adresse. Marge.

10. *Qu'est-là. — J'i-vais*, par L. Marin (Bonnet). Deux pièces en travers faisant pendants.

Bonnes épreuves imprimées en couleurs. La seconde est remargée.

11. *Rose et Colas*, par Simonet.

Superbe épreuve du 2e état, sans aucune lettre; le cartel qui contient les armes est blanc; marge. Rare en cet état.

12. *La Toilette*, par N. Ponce.

Superbe épreuve avant la lettre. Petite marge. Rare en cet état.

BELJAMBE.

13. *Ah! Ah! je vous y prends*, d'après Mongin. Médaillon ovale, in-8.

Très belle épreuve imprimée en couleurs. Marge.

BENWELL (D'après).

14. *A St James's Beauty.* Médaillon ovale, par Boilet.

Très belle épreuve imprimée en bistre. Grande marge.

15. *A St Giles's Beauty*, par Clavareau. Médaillon ovale.

Très belle épreuve avant la lettre. en noir.

BETTELINI (Par et d'après).

16. *Signora Storacce.* Médaillon ovale, in-8. Charmant portrait de femme à grand chapeau.

Très belle épreuve imprimée en couleurs.

BIGG (D'après W. R.).

17. *The Sailor's Orphans*, par W. Ward. — *The Soldier's Widow*, par R. Dunkarton. Deux pièces in-fol. en largeur, faisant pendants.

Superbes épreuves en noir. Petite marge.

BOILLY (D'après L.).

18. *L'Amusement de la Campagne. — La Précaution.* Deux pièces faisant pendants, par Tresca.
 Très belles épreuves imprimées en noir. Marge.

19. *Le Prélude de Nina.* Pièce de forme ovale, publiée chez Fillion et Valmont.
 Très belle épreuve imprimée en couleurs. Grande marge.

20. *L'Amant favorisé. — La Comparaison des petits pieds.* Deux pièces de forme ovale, publiées chez Fillion et Valmont.
 Très belles épreuves imprimées en couleurs. Remargées.

21. *L'Optique,* par F. Cazenave.
 Superbe épreuve imprimée en couleurs. Marge. Rare.

22. *L'Optique,* gravé par un anonyme. Réduction en contre-partie de l'estampe de Cazenave, rare à rencontrer.
 Superbe épreuve imprimée en couleurs. Remargée.

23. *Nous étions deux, nous voilà trois. — Prends ce biscuit.* Deux pièces faisant pendants, par Vidal.
 Très belles épreuves imprimées en couleurs, avec toute leur marge.

BONNET (L.).

24. *The Amiable family. — The Amiable society.* Deux charmantes petites pièces, d'après Hambert, représentant la famille royale et Madame de Lamballe, faisant pendants.
 Très belles épreuves imprimées en couleur. Remargées.

25. *La Belle Toilette,* d'après J.-B. Huet.
 Superbe épreuve imprimée en couleurs. Marge.

26. *Le Déjeuné (sic),* d'après J.-B. Huet.
 Très belle épreuve imprimée en couleurs. Marge du cuivre.

27. *Le Portrait chéry (sic),* d'après Challe.
 Superbe épreuve imprimée en couleurs. Marge du cuivre.

28. *La Relevée de Couche* (n° 590). Charmante petite pièce in-8.
 Très belle épreuve imprimée en couleurs. Très rare.

29. *Woman Taking Coffe. — The Charms of the morning.* Deux pièces gracieuses, faisant pendants.
 Très belles épreuves tirées sans les encadrements dorés. Marge.

30. *La Danse* (n° 849). Charmante pièce.
Superbe épreuve imprimée en couleurs. Marge. Rare.

31. *Le Bain.* — *La Toilette.* Deux pièces faisant pendants, d'après Jollain.
Très belles épreuves imprimées en couleurs. Marge.

32. *Le Rendez-vous*, d'après Baudoin. Pièce en imitation de pastel.
Très belle épreuve imprimée en couleurs. Petite marge.

33. *Les Raisins.* Petit médaillon in-8.
Très belle épreuve imprimée en couleurs. Rare.

34. *Les Rosiers* (n° 765). Petit médaillon, in-8.
Très belle épreuve imprimée en couleurs. Rare.

35. *Le Maître de Dessin* (n° 941), d'après J.-B. Huet.
Très belle épreuve imprimée en couleurs. Petite marge.

36. *La Méfiance* (n° 855). Petit in-folio en travers.
Très belle épreuve imprimée en couleurs. Petite marge.

37. *Le Secours urgent* (n° 639), d'après Chevaux.
Très belle épreuve, imprimée en couleurs, d'une rare et jolie pièce. Petite marge.

38. *La Servante discrette* (*sic*). Petit médaillon in-8.
Très belle épreuve imprimée en couleurs. Rare.

39. *Tête de femme* de profil à droite, d'après F. Boucher (n° 19).
Superbe épreuve imprimée en couleurs. Toute marge.

40. *Tête de femme* de profil à gauche, d'après Boucher (n° 26).
Superbe épreuve imprimée en couleurs. Toute marge.

41. *Tête de femme* de face, d'après Boucher (n° 9).
Superbe épreuve imprimée en couleurs. Toute marge.

42. *Petite fille au chat*, d'après Boucher.
Très belle épreuve gravée aux trois crayons.

BONNET ET DEMARTEAU.

43. Lot de onze pièces à la sanguine, d'après *Boucher*, *Courtois*, *Clermont*, *Le Prince*, *Vincent*.
Très belles épreuves avec marge.

BOSIO (D'après).

44. *L'Escamoteur*, par Ruotte.
Très belle épreuve en couleurs. Marge.

CHAMPION.

45. *Le Bon Exemple. — Le Doux Sommeille* (*sic*), d'après Guyot. Deux petits médaillons sur une seule feuille.

Superbe épreuve imprimée en couleurs. Marge.

CHALLIOU (Chez).

46. *L'Amant pressant.*

Épreuve d'eau-forte au trait avant toute lettre, avant le filet d'encadrement, rehaussée d'aquarelle. Grande marge. Rare.

47. La même estampe.

Très belle épreuve imprimée en couleurs. Rognée.

48. *La Curieuse apperçue* (*sic*). Très joli médaillon rond.

Superbe épreuve imprimée en couleurs. Toute marge, Rare.

CHALON (D'après H.-B.).

49. *The Earl of Chesterfield's Stage-carriage*, par W. Ward.

Superbe épreuve, gravée à la manière noire, d'une pièce rare et intéressante.

CHAPUY (J.-B.).

50. *Le Moraliste*, d'après Smith, à Paris, chez Le Vachez, copie française de l'estampe de Nutter.

Belle épreuve imprimée en couleurs.

CHAZAL (A.).

51. *Vue de la Fête des Loges* dans la forêt de St-Germain en Laye. Jolie petite pièce in-4, en travers, publiée au commencement du siècle.

Très belle épreuve rehaussée de couleurs. Marge.

CHEREAU (Chez).

52. *Costume français*, trois pièces, et deux autres pièces de recueils divers.

Ensemble 5 pièces; belles épreuves en couleurs.

CHOFFARD (P.-P.).

53. *Adresse de Ducoudray*, bijoutier du Roy.

Très belle épreuve, avant la lettre, d'une jolie pièce.

*

CIPRIANI (D'après).

54. *Ne dérangez pas le monde*, par Bartolonii.
Très belle épreuve imprimée en couleurs. Remontée.

CIVIL.

55. *Comparaison du bouton de rose. — La Vertue irrésolue.*
Deux petites pièces faisant pendants, imprimées en bistre.

CLAESSENS (L. A.).

56. *Aspettare*, d'après Coclers.
Très belle épreuve, grande marge.

COPIA.

57. *Chit, Chit! — Par ici!* d'après Mallet.
Belles épreuves avec marge.

COSWAY (D'après R.).

58. *Mrs Duff*. Petit in-folio en hauteur, par Agar.
Très belle épreuve imprimée en couleurs. Remargée.

COUTELLIER (F.).

59. *Mlle Colombe, l'Aînée.*
Très belle épreuve imprimée en couleurs. Marge.

60. *Mlle Julien*. Médaillon ovale.
Belle épreuve imprimée en couleurs. Sans marge.

CRÉPY (Chez).

61. *Le Bonne acords (sic).*
Petite pièce de forme ronde, imprimée en couleurs. Marge.

DAUDET (A Lyon, chez).

62. *Feuille d'Écran.*
Très belle épreuve coloriée anciennement.

DAYES (D'après E.).

63. *The Promenade in St James's Park.* Intéressante estampe gravée par F. D. Soiron.

Très belle épreuve en noir. Petite marge.

DEBUCOURT (P.-L.).

64. *Annette et Lubin*, 1789.

Superbe épreuve, imprimée en couleurs, du premier tirage, avec la date à la pointe en bas à droite, sous le trait carré : 15 juin 1789.

65. *L'Escalade ou les Adieux du matin.*

Très belle épreuve imprimée en couleurs. Marge du cuivre. Rare.

66. *Le Menuet de la Mariée*, 1787.

Très belle et ancienne épreuve imprimée en couleurs. Remargée.

67. *La Promenade publique*, 1792.

Belle et ancienne épreuve imprimée en couleurs. Remargée. Encadrée.

DEMARTEAU (G.).

68. *La Leçon de flûte. — Nymphes au bain.* Deux pièces ovales, équarrées, d'après Boucher. Nos 550 et 551.

Très belles épreuves imprimées en couleurs.

69. *Les Œufs cassés. — Le Maraudeur*, d'après F. Boucher deux pièces faisant pendants (nos 128 et 129).

Belles épreuves imprimées à la sanguine. Marge.

70. Deux études de femme aux trois crayons, nos 552 et 553, d'après Boucher et J.-B. Huet.

Bonnes épreuves.

DESCOURTIS.

71. *Vue de la Porte St Bernard, prise venant de l'hôpital. — Vue du Port St-Paul, prise au bas du parapet.* Deux jolies pièces faisant pendants, d'après de Machy.

Superbes épreuves imprimées en couleurs, rares à rencontrer en aussi bel état.

72. *Ire Vue des Tuileries. — IIe Vue des Tuileries.* Deux petites pièces de forme ronde, d'après de Machy.

Belles épreuves imprimées en couleurs. Petite marge autour du médaillon.

DESRAIS (D'après).

73. *Où est donc cet abbé que je l'achève.* Jolie petite pièce en travers gravée à l'aquatinte.

Très belle épreuve imprimée en couleurs. Petite marge. Très rare.

DESRAIS (Attribuée à).

74. *La Nuit.* Petite pièce gravée à la manière du lavis, dans le goût de Mixelle.

Très belle épreuve d'une petite estampe rare.

DICKINSON.

75. *The Gardens of Carleton-house with neapolitan ballad singers,* d'après Bunbury. Grande pièce en largeur, intéressante par les costumes.

Très belle épreuve imprimée en bistre. Marge. Encadrée.

DIVERS.

76. Lot de vingt-quatre pièces des écoles française, anglaise, etc., en noir et en couleurs.

DIXON (Par et d'après).

77. *The Oracle,* pièce allégorique.

Très belle épreuve imprimée en noir.

DOWNMAN (D'après).

78. *Her grace the Dutchess of Richmond.* Médaillon ovale, par Burke.

Très belle épreuve en bistre. Marge.

ÉCOLE ANGLAISE.

79. Portraits de deux princes et deux princesses de la maison d'Orange, dont *Sophie Wilhelmine.*

Quatre pièces, superbes épreuves en noir, sans aucune lettre. Marge.

FREUDEBERG (D'après S.).

80. *L'Événement au bal,* par Duclos et Ingouf junior.

Superbe épreuve du premier état avec la lettre, mais avec la *Tablette blanche.* Marge de cuivre.

GARRARD (D'après).

81. *Le Maréchal-Ferrant*, par W. Pether.

Très belle épreuve imprimée en couleurs, rognée de trois côtés et contrecollée.

GATINE.

82. *Costumes* de différents genres : *Incroyable, Merveilleuse, Haute et Moyenne classes*. Seize pièces in-4, d'après Lauté, Horace Vernet.

Très belles épreuves en couleurs.

GAUCHER (Ch.-E.).

83. *Couronnement de Voltaire* sur la scène du Théâtre-Français, d'après J. Moreau le Jeune (Mahérault, n° 393).

Très belle épreuve du 3e état, avant que les armes et la dédicace n'aient été effacées. Marge.

GOUY (De).

84. *L'Essai du Corset. — La Comparaison des Petits Pieds*. Deux médaillons d'après Wille et Boilly, in-8.

Belles épreuves imprimées en couleurs.

85. *Le Prélude de Nina. — On la tire aujourd'hui*. Deux médaillons d'après Boilly, in-8°.

Belles épreuves, la première est à grande marge.

86. *Le Verrou*, d'après Fragonard. — *Je m'occupais de vous*, d'après Mlle Gérard. Médaillons ronds in-8.

Belles épreuves imprimées en couleurs.

87. *Le Prélude de Nina*, d'après Boilly. Médaillon rond in-8.

Belle épreuve avec la première adresse, rue des Nonaindières. Marge.

88. *Le Verrou.—La Comparaison des Petits Pieds*. Médaillons d'après Fragonard et Boilly.

Belles épreuves. Marge.

HAMILTON (D'après W.).

89. *The Morning. — Noon. — The Evening.—Night*. Suite de quatre pièces par Tomkins et Delatre, élèves de Bartolozzi.

Bonnes épreuves imprimées en couleurs et rehaussées. Manquant de conservation.

HARRIET (D'après F.-J.).

90. *Le The parisien*, par A. Godefroy.
Très belle épreuve en couleurs. Marge.

HEMERY.

91. *Inauguration de la statue de Louis XV*, 1787, d'après de Machy.
Superbe épreuve. Grande marge. Encadrée.

HODGES (C.-H.).

92. *A Good Boy*, d'après Borckhardt.
Très belle épreuve imprimée en couleurs remargée de trois côtés.

HOPPNER (D'après J.).

93. *Her Royal Highness Princess Mary*, par C. Watson.
Superbe épreuve en couleur, toute marge.

HOUSTON (R.).

94. *George III*, d'après H. Morland.
Bonne épreuve à la manière noire. Manquant de conservation.

HUET (J.-B.).

95. Suite de six petites eaux-fortes rehaussées de couleurs.
Bonnes épreuves.

HUET (D'après J.-B.).

96. *The Balance*, par Bonnet.
Belle épreuve imprimée en couleurs.

97. *La Mauvaise Mère*, par Bonnet.
Très belle épreuve, imprimée en couleurs. Remargée.

98. *La Chute inatendue* (*sic*), par J. Morret.
Très-belle épreuve, imprimée en couleurs. Belle marge; publiée chez Bonnet, n° 882.

99. *Le Petit Cavalier*, par Bonnet.
Superbe épreuve imprimée en couleurs. Marge vierge.

ISABEY (D'après).

100. Portrait de *Marie-Louise, archiduchesse d'Autriche*, Impératrice.

Très belle épreuve, imprimée en couleurs. Grande marge.

JANINET (F.).

101. *L'Aimable Paysanne*, d'après Saint-Quentin.

Très belle épreuve imprimée en couleurs, rognée à l'ovale. Remargée.

102. *L'Agréable Négligé. — La Compagne de Pomone*, d'après Baudouin et Saint-Quentin.

Superbes épreuves imprimées en couleurs, rognées à l'ovale et remargées.

103. *Le Baiser de l'Amour. — Le Baiser de l'Amitié.* Deux pièces faisant pendants, d'après Doublet.

Très belles épreuves, imprimées en couleurs. Marge.

104. Portraits de *Chénard, Mlle Colombe, Mme Vestris, Mlle Saint-Huberti, Mlle Raucourt.*

Cinq pièces imprimées en couleurs, avec marge ; la dernière est avant la lettre.

105. *Vénus désarmant l'Amour*, d'après Boucher. Jolie pièce de forme ovale, in-8.

Très belle épreuve imprimée en couleurs.

JOSSI (C.).

106. *Innocent mischief. — Innocent revenge.* Deux pièces gracieuses, faisant pendants, d'après R. Westall.

Très belles épreuves imprimées en noir. Marge.

JUBIER.

107. *La Bergère récompensée*, d'après J.-B. Huet.

Très belle épreuve imprimée en couleurs. Marge.

108. *La Confidence*, d'après Bounieu Petit, in-folio en travers.

Très belle épreuve imprimée en couleurs. Petite marge.

KAUFFMANN (D'après Angélica).

109. *La Chevalière d'Eon de Beaumont.* Médaillon ovale, in-4, par Fr. Haward.

Très belle épreuve en noir. Petite marge.

KNIGHT (C.).

110. *Going to school. — Coming from school.* Deux petites pièces ovales faisant pendants, d'après Stothard.

Belles épreuves imprimées en couleurs. Marge.

111. *Composition de trois personnages*, d'après Northcote. Médaillon rond petit in-folio.

Superbe épreuve imprimée en couleurs. Petite marge.

LAWREINCE (D'après N.).

112. *L'Aveu difficile*, par Janinet.

Très belle épreuve imprimée en couleurs. Marge.

113. *Ah! le joli petit chien. — Le Petit Conseil.* Deux des plus jolies petites pièces de ce maître gravées par Janinet.

Très belles épreuves imprimées en couleurs. Belle marge.

114. *L'Indiscrétion*, par Janinet.

Très belle épreuve imprimée en couleurs. Marge.

115. *Je touche au bonheur*, par Copia.

Belle épreuve en bistre, les figures imprimées en rouge. Rare.

116. *Le Mercure de France*, par Gutemberg.

Très belle épreuve. Marge.

117. *Nina*, Portrait de Mlle Dugazon. Petit in-folio en hauteur, par Colinet.

Belle épreuve en couleurs. Petite marge.

118. *Les Sabots*, par J. Couché.

Très belle épreuve. Marge vierge.

119. *Valmont and Présidete de Tourvel*, par Romain Girard.

Très belle épreuve imprimée en couleurs. Marge.

LE BRETON (Chez).

120. *Le Matin*. Petite pièce de forme ovale, imprimée en couleurs.

LECŒUR.

121. *La Colère feinte*, d'après Huet. Médaillon ovale en travers d'après l'estampe de Bonnet : L'Éventail cassé.

Très belle épreuve imprimée en couleurs. Marge.

122. *Les Chagrins de l'Enfance*, d'après Mouchet.

Épreuve ancienne imprimée en couleurs, sans marge et manquant de conservation.

123. *La Visite au Grand-Père*, d'après Smith. Copie française de l'estampe de Ward.

Très belle épreuve imprimée en couleurs. Petite marge.

LEGRAND.

124. *Julie ou le Premier Baiser de l'Amour*, d'après Mallet.

Belle épreuve en couleurs. Marge.

LÉVILLY (J.-P.).

125. *Dancing dogs*, d'après G. Morland.

Superbe épreuve avant le titre, imprimée en noir. Marge.

LONGUEIL (De).

126. *Les Amusements champêtres. — Les Plaisirs champêtres.* Deux jolies pièces faisant pendants, d'après Ch. Eisen.

Superbes épreuves ; grandes marges.

MARCUARD (R.).

127. *The Italian Fruit Girl*, d'après M. Péters, médaillon ovale in-4.

Très belle épreuve. Marge.

MARTINET (Chez).

128. *Costumes de Théâtre*, environ 90 pièces in-8.

Très belles épreuves en couleurs.

MARYE.

129. *Le Souvenir*, publié chez Chereau et Jombert ; médaillon ovale in-4.

Très belle épreuve. Marge.

MASQUELIER.

130. *Le Départ pour la Pêche.* Jolie petite pièce ovale, en travers, d'après Dutailly.

Très belle épreuve imprimée en couleurs. Marge.

MECHEL (De).

131. *Marie-Charlotte de France, fille du Roi Louis XVI.* Publiée à l'occasion du passage de cette princesse à Bâle, le 26 décembre 1795.

Superbe épreuve imprimée en couleurs. Marge.

MÉCOU.

132. *Le Duc de Wellington*, d'après Isabey.

Superbe épreuve imprimée en couleurs, portant en bas, à droite, le cachet d'Isabey. Grande marge.

MIXELLE.

133. *La Femme trompée. — La Femme vengée*, d'après Desrais. Deux jolies pièces faisant pendants, publiées chez Bonnet.

Superbes épreuves imprimées en couleurs. Marge. Rares.

134. *La Pudeur allarmée* (*sic*). Jolie pièce publiée à Londres, chez Vivarès.

Très belle épreuve imprimée en couleurs. Grande marge.

135. *La Jolie Nourrice. — La Visite à la pension.* Deux pièces faisant pendants, d'après Morlaud.

Très belles épreuves imprimées en couleurs. Marge.

136. *Le Retour du Soldat*, d'après Ward.

Très belle épreuve en couleurs. Grande marge.

MOREAU le Jeune (J.-M.).

137. *Décoration du Sacre de Louis XVI, Roi de France et de Navarre, à Rheims, le 11 juin 1775.* Grand in-folio en travers.

Ancienne et superbe épreuve avec marge. Encadrée.

138. *La Philosophie endormie* (Mahérault 145), d'après Greuze. Portrait de Madame Greuze.

Superbe épreuve à l'eau-forte pure, avant toutes lettres. Marge du cuivre. Rare.

139. *La Déclaration de la grossesse. — Les Précautions. — J'en accepte l'heureux présage. — N'ayez pas peur, ma bonne amie. — C'est un fils, Monsieur. — Les Petits Parrains. — Les Délices de la Maternité. — Le Rendez-Vous pour Marly. — La Rencontre au bois de Boulogne. — La Dame du Palais de la Reine.* Dix pièces de la petite suite du Monument du Costume.

Très belles épreuves.

MOREAU le Jeune (D'après J.-M.).

140. *N'ayez pas peur, ma bonne amie*, par Martini.

Superbe épreuve du premier état, avant la lettre, avec toute sa marge.

141. *La même estampe.*

Superbe épreuve du premier tirage, avec les lettres A. P. D. R. et le numéro. Marge vierge.

MOREAU le Jeune et FREUDEBERG (D'après).

142. *La Visite du médecin. — La Lingère. — C'est un fils, Monsieur! — La Leçon de Musique. — L'Opéra. — Le Printemps. — Le Bal. — Le Boudoir.* Huit pièces, copies en réduction des grandes estampes du Monument du Costume.

Belles épreuves.

MORLAUD (D'après G.).

143. *A Tea Garden. — St James's Park.* Deux pièces faisant pendants, par D. Soiron.

Superbes épreuves imprimées en couleurs, avec les écoinçons gris. Marge. Très rares en aussi belle condition.

144. *A Tea Garden. — St James Park.* Deux pièces faisant pendants, gravées par Dav. Weiss, terminées par Bonnefoy.

Très belles épreuves imprimées en couleurs. Marge.

145. *A Tea Garden*, par A. Zecchin.

Belle épreuve imprimée en noir. Grande marge.

146. *The fruits of early Industry et Œconomy. — The Effects of Youthfull extravagance and Idleness*, par W. Ward.

Superbes épreuves imprimées en couleurs et rehaussées *du temps*. Marge.

147. *The fruits of early industry and œconomy. — The effects of youtfull extravagance and idleness.* Deux pièces faisant pendants, par Darcis.

Bonnes épreuves rognées. Manquant de conservation.

148. *A Visit to the Child at nurse.* In-folio en travers, par W. Ward.

Très belle épreuve imprimée en couleurs. Marge.

149. *Blind mans buff*, par W. Ward.

Très belle épreuve imprimée en couleurs. Marge.

150. *Children Nutting*, par E. Dayer.

Superbe épreuve imprimée en couleurs. Marge.

151. *Children Bird-Nesting*, par W. Ward.
Très belle épreuve imprimée en couleurs. Marge.

152. *Blind mans Buff.* — *Children Bird-Nesting*, par W. Ward. Deux pièces faisant pendants, imprimées en noir, sans marge de trois côtés.

153. *The Warrener.* — *The Thatcher.* Deux pièces faisant pendants, par W. Ward, imprimées en noir.
Marge.

154. *African hospitality.* — *The Slave trade.* Deux pièces faisant pendants, par Smith.
Belles épreuves en noir, rognées, le titre seul est conservé.

155. *Evening or the Sportsman's return*, par J. Grozer.
Superbe épreuve imprimée en noir. Petite marge.

156. *Boys skating.* — *Boys robbing an orchard.* — *The angry farmer*, par A. Suntach.
Trois pièces imprimées en noir. Grande marge.

157. *The Anglers repast*, par A. Suntach.
Belle épreuve imprimée en couleurs, rehaussée. Marge.

158. *Les Chiens savants.* — *Les Petits Cochons d'Inde.* Deux pièces faisant pendants, par Levilly.
Épreuves en noir. Sans marge.

159. *A Rural Feast*, par J. Dean.
Bonne épreuve imprimée en couleurs, manquant de conservation.

MOTE.

160. *L'Oiseau privé.* — *Le Dénicheur*, d'après Chevaux. Deux pièces gracieuses, ovales, faisant pendants.
Très belles épreuves imprimées en couleurs. Marge. Rare.

161. *Les Deux Sœurs*, d'après Chevaux.
Superbe épreuve, imprimée en couleurs, d'une rare et jolie pièce. Petite marge.

MOTEY.

162. *La Souricière*, d'après Chevaux.
Superbe épreuve, imprimée en couleurs, d'une pièce rare et jolie. Petite marge.

NORTHCOTE (D'après J.).

163. *Lioness and Whelps*, in-folio en travers, par S. W. Reynolds.
Très belle épreuve imprimée en couleurs. Marge.

PAVARD (Chez).

164. *La Bonne Union. — L'Heureux Retour.* Deux pièces anonymes, de forme ovale, en travers, gravées dans le genre de Mixelle.

Très belles épreuves imprimées en couleurs. Marge.

PLACE (M.).

165. *The family Distress occasioned by the loss of a child. — The family's happiness restored by their childs return.* Deux pièces faisant pendants, d'après Cosse.

Belles épreuves imprimées en couleurs. Marge.

166. *The family's happiness restored by their childs return,* d'après Cosse.

Superbe épreuve imprimée en couleurs. Marge.

REGNAULT (N.-F.).

167. *Le Lever,* d'après Regnault. — *Le Bain,* d'après Baudouin. Deux pièces faisant pendants.

Très belles épreuves imprimées en couleurs, la première, *le Lever*, est remargée; la seconde, *le Bain*, est avec la première adresse.

REYNOLDS (D'après sir J.).

168. *The Honourable Miss Bingham,* par R. A. Bartolozzi.

Belle épreuve imprimée en couleurs. Petite marge.

169. *Cornelia and her Children,* par C. Wilkin.

Portrait de lady Cockburn et de ses enfants. Belle épreuve en noir.

170. Deux jeunes femmes, assises dans un paysage, devant un tombeau sur lequel on lit l'inscription : *Et in Arcadia ego.* In-folio, en travers.

Superbe épreuve avant toutes lettres, avec essais d'aquatinte dans la marge. Rare.

RIDÉ.

171. *Louis Seize,* roi de France et de Navarre, d'après Benard.

Très belle épreuve imprimée en couleurs, avec marge.

ROBILAC.

172. *L'Amour est de tout âge.* — *Le Larcin.* Deux pièces faisant pendants, d'après Monnet.

Très belles épreuves imprimées en couleurs.

RUSSEL (D'après J.).

173. Portrait de *Martha Gunn*, baigneuse à Brighton, portant dans ses bras le jeune prince de Galles, par Nutter.

Très belle épreuve, rognée sur trois côtés.

SAINT-AUBIN (Aug. de).

174. *Le Réfractaire amoureux* (E. B. 459).

Très belle épreuve du deuxième état. Petite marge.

SAINT-AUBIN (D'après Aug.).

175. *La Marchande de châtaignes.* Très jolie eau-forte, par le chevalier de P***.

Très belle épreuve. Grande marge.

176. *The first come best served.* — *The Place to the first occupier.* Deux pièces faisant pendants, par Sergent.

Belles épreuves imprimées en couleurs, avec marge. Doublées.

177. *L'Hommage réciproque*, par Gaultier.

Superbe épreuve imprimée en deux tons. Rare.

SAINT-AUBIN (Gabriel de).

178. *Vüe du Salon du Louvre en l'année MDVIILXVII* (sic).

Très belle épreuve d'une eau-forte originale du maître, avec le mot: *exacte*. Marge. Rare.

SCHALL (D'après).

179. *Les Espiègles*, par Descourtis.

Superbe épreuve imprimée en couleurs. Grande marge.

SCHENKER.

180. *La Boudeuse.* — *La Brodeuse.* — *La Vielleuse.* Trois pièces sur les costumes, petit in-folio, d'après Cte Vernet.

Très belles épreuves en couleurs. Marge.

SMITH (J. R.).

181. *Mrs Fitz-William.*

Très belle épreuve en couleurs. Doublée.

SMITH (D'après J.-R.).

182. *The Moralist*, par W. Nutter.

Belle épreuve imprimée en couleurs. Marge. Quelques piqûres de ver.

183. *A Visit to the grandfather*, par E. Dayes.

Très belle épreuve imprimée en couleurs. Marge.

184. La même estampe.

Superbe épreuve d'essai en manière noire, avant la lettre. Contre-collée.

SMITH ET WARD.

185. *A Visit to the grandfather. — A Visit to the grandmother.* Deux pièces faisant pendants, d'après Smith et Northcote.

Superbes épreuves imprimées en noir. Grande marge.

TAUNAY (D'après N.).

186. *La Noce de Village. — La Foire de Village. — La Rixe. — Le Tambourin.* Suite de quatre pièces, par Descourtis.

Très belles épreuves imprimées en couleurs, avec la première adresse, celle du graveur. Marge du cuivre.

THOUVENIN.

187. *Saturday morning : going to market. — The Citizens retreat.* Deux pièces faisant pendants, d'après Bigg et Ward.

Belles épreuves imprimées en couleurs. Marge.

TOMKINS (P.-W.).

188. *Composition de trois personnages*, d'après C. Ansell.

Très belle épreuve imprimée en couleurs. Encadrée.

189. *L'Écosseuse de pois. — La Cueilleuse de noisettes.* Deux pièces ovales, faisant pendants, d'après W. R. Bigg.

Superbes épreuves avant le titre; les noms des artistes et l'adresse en lettres tracées. Grandes marges.

190. *Vénus et l'Amour*, d'après Hoppner.

Superbe épreuve imprimée en bistre, avant la lettre; les noms des artistes et l'adresse sont en lettres tracées. Petite marge.

191. *May day or Kate of Aberdeen.* Pièce de forme ronde d'après Bretherton.

Très belle épreuve imprimée en bistre. Marge.

192. *Florizel et Perdita.* Pièce de forme ronde, d'après S. Harding.

Très belle épreuve imprimée en bistre. Marge.

VIDAL.

193. *Les Prunes. — Les Cerises*, d'après Davesne. Deux médaillons ovales petit in-fol. faisant pendants.

Très belles épreuves imprimées en couleurs. Marge.

VILLENEUVE.

194. *Il n'y a plus d'enfant.* Petite pièce de forme ronde, imprimée en couleurs.

WARD (J.).

195. *The Alpine Traveller.* Portrait de Lady Leicester, d'après J. Northcote.

Superbe épreuve, imprimée en couleurs, d'une estampe rare et gracieuse, malheureusement sans marge.

196. *The Cow-house.*

Superbe épreuve imprimée en couleurs.

WARD (D'après J.).

197. *Selling rabbits. — The Citizens Retreat.* Deux pièces faisant pendants, gravées par W. Ward.

Superbes épreuves imprimées en couleurs. Grande marge.

198. *Selling rabbits*, par W. Ward.

Très belle épreuve imprimée en couleurs avec la deuxième adresse. Marge.

WARD (W.).

199. *Monsieur de St George*, d'après M. Brown.

Belle épreuve en couleurs, petite marge.

200. *Hay Makers.* Pièce in-fol., en largeur, d'après J. Ward.

Superbe épreuve imprimée en couleurs. Marge.

201. *Reaping Moissonant*, d'après J. Ward.

Superbe épreuve imprimée en couleurs, rognée de trois côtés et contre-collée.

202. La même estampe.

Superbe épreuve en noir. Grande marge.

203. *Louisa*. Médaillon ovale in-4°, publié par J. R. Smith.

Belle épreuve imprimée en couleurs. Marge.

204. *The Widow's tale*, d'après J. R. Smith.

Superbe épreuve, imprimée en couleurs, d'une charmante pièce. Marge.

WATSON (J.).

205. *Jemima Countess Cornwallis*, d'après Sir J. Rennolds.

Très belle épreuve en noir. Marge.

WATSON (T.).

206. *Lucinda*, d'après P. Falconet.

Très belle épreuve d'un charmant portrait gravé à la manière noire. Marge.

207. *La Zingara*, the Egyptian Fortune teller, d'après D. Gardner.

Très belle épreuve en couleurs. Grande marge.

WATTEAU (D'après Ant.).

208. *Figures de différents caractères*. Vingt et une pièces détachées de ce recueil, dont vingt à toute marge.

209. Douze feuilles des figures de différents caractères à deux sujets par feuille.

Très belles épreuves. Marge vierge.

WHEATLEY (D'après F.).

210. *Cri de Londres — Two bunches a penny primeroses*, par L. Schiavonett.

Très belle épreuve imprimée en couleurs. Petite marge.

211. *The Soldiers return. — The Sailors return*. Deux pièces faisant pendants, par W. Ward.

Belles épreuves en couleurs, rehaussées anciennement. Marge.

212. *Shepherdess*, par J. Hogg.

Superbe épreuve imprimée en couleurs. Encadrée.

WOOLLEN (D'après W.).

213. *Dick, or the Soldier's Return*, par T. Burke.

Superbe épreuve, imprimée en couleurs, rognée de trois côtés et contre-collée.

ESTAMPES SUR LE SPORT

ALKEN (D'après).

214. *Ascot heath : Preparing to start. — Ipswich : Weighing.* Deux pièces en largeur, faisant pendants, gravées par Sutherland, publiées par Hudson, en 1818.

Superbes épreuves avec marge.

215. *Owling. — A curricle match. — Cricket.* Trois pièces en travers, petit in-folio.

Très belles épreuves en couleurs.

E. CAMPION ET J. HERRING (D'après).

216. *Prix spécial de 5 000 francs*. Chantilly. Mai 1841. — *Prix du Jockey-Club*, Chantilly. Mai 1841. Suite complète de quatre pièces, gravées en couleurs par Ch. Hunt.

Les épreuves *de souscripteurs* sont superbes, avec grandes marges. Rares en aussi belle condition.

On y a joint le *More's eclipse sporting almanach for 1842*, relatant les gagnants des épreuves classiques de 1841.

DUNCAN.

217. Portrait du cheval *Launcelot*, gagnant du Grand St-Léger de 1840, appartenant au marquis de Westminster, d'après Hancock.

Superbe épreuve imprimée en couleurs. Grande marge. Encadrée.

HARRIS.

218. *Ascot*. The race for the Emperor's Cup, 1846. — *Epsom*. The race for the Derby, 1846. Deux pièces faisant pendants.

Encadrées.

HARRIS (J.).

219. *The race for the tradesmen's plate, Chester 1839.* Grande pièce en largeur, d'après Turner.

Superbe épreuve en couleurs. Grande marge

POLLARD (Par et d'après J.).

220. *Ascot Heat Race his Majesty's gold plate 1826.* Très intéressante pièce où l'on voit le roi, la reine et le duc d'York assistant à la course.

Superbe épreuve imprimée en couleurs. Grande marge. Encadrée.

221. La même estampe.

Superbe épreuve imprimée en couleurs.

222. *Epsom Races.* Très jolie pièce en couleurs, des plus intéressantes par la quantité des personnages et les nombreux attelages de coaches qui y sont représentés.

Superbe épreuve imprimée en couleurs. Encadrée.

POLLARD (J.).

223. *Fairlop Fair.* Très intéressante pièce. Petit in-folio en travers.

Très belle épreuve en couleurs. Très rare.

224. *Epsom Races.* Pièce in-fol. en travers, par Smart et Hunt.

Très belle épreuve imprimée en couleurs. Petite marge.

225. *Epsom Races.* The celebrated Horse Plenipotentiary beating Shilalah and Glenco, par H. Pyall, 1834.

Superbe épreuve imprimée en couleurs. Grande marge.

REEVE (G.).

226. *Mail-Coach scene,* Hyde-Park Corner, 1828, d'après J. Doyle.

Très belle épreuve imprimée en couleurs. Rare. Encadrée.

227. *Paris and Dover Coach 1826*, d'après Treguar.

Très belle épreuve imprimée en couleurs. Rare. Encadrée.

TURNER (G.).

228. *My horse.* Grande pièce in-folio, d'après G. Head.

Très belle épreuve en manière noire. Marge.

VERNET (D'après Carle).

229. *La Calèche*, par Dubucourt, in-folio en travers.
Superbe épreuve, imprimée en noir, d'une pièce intéressante et rare. Grande marge. Encadrée.

230. *La Course.*
Très belle épreuve, imprimée en noir, avant la lettre. Grande marge. Encadrée.

231. *Fin de la Course* (n° 4).
Très belle épreuve imprimée en noir. Grande marge. Encadrée.

232. *Préparatifs d'une course.*
Le Départ.
La Course.
Les suites d'une course. Suite de quatre pièces, par Jazet.
Bonnes épreuves en noir, manquant de conservation.

VERNET (D'après Carle et Horace).

233. *La Chasse au renard* (n° 6). — *Chasse au chien warrant* (n°s 7 et 9). Trois pièces in-folio, en travers, par Levachez.
Très belles épreuves en couleurs. Marge.

WOLSTENHOLME (D'après).

234. *The meeting place.* — *Running.* — *Taking the Stag.* — *Returning home.* Suite complète de quatre pièces, par Himely.
Superbes épreuves imprimées en couleurs. Grande marge. Encadrées.

235. *Coursing.* — *Shooting*, par Himely.
Quatre pièces de la même suite imprimées en couleurs. Marge. Encadrées.

Paris. — Typ. Chamerot et Renouard, 19, rue des Saints-Pères. — 37886.

www.ingramcontent.com/pod-product-compliance
Ingram Content Group UK Ltd.
Pitfield, Milton Keynes, MK11 3LW, UK
UKHW020520180726
13839UKWH00005B/2213